존 그리어 보육원의 불량소년들

김상규 시집

시인동네 시인선 253

김상규 시집

존 그리어 보육원의 불량소년들

시인동네

시인의 말

주디와 키다리 아저씨는 보육원을 떠났지만
우린 아직 이곳에서 벗어나지 못했다.

2025년 5월
김상규

차례

시인의 말

제1부

불새잎눈 · 13

수몰지 · 14

화장(火葬) · 15

조장(鳥葬) · 16

불꽃놀이 · 17

쥐불놀이 · 18

소멸 · 19

수화소녀프리즘 · 20

12월생 · 21

264 · 22

망각유아 · 23

부메랑 · 24

작은 짐승 · 25

배꼽의 탄생 · 26

제2부

가족 서커스 · 29

숨바꼭질 · 30

숨바꼭질 · 31

소년 애드벌룬 · 32

프릭쇼(freak show) · 33

대물림 · 34

소년원 친구들 · 35

모험가 · 36

취업반 친구들 · 37

수상가옥 · 38

응달의 집 · 39

성탄제 · 40

버려진 소년 · 41

사춘기 · 42

이지메 · 43

가족사진 · 44

제3부

다시 오는 노래 · 47

마지막 연애담 · 48

여름 비밀 · 50

정키(Junkie) · 51

존 그리어 보육원의 불량소년들 · 52

첫사랑 · 54

A.A · 55

쌍둥이 · 56

쌍둥이 · 57

화전(火田) · 58

소녀들의 다락방 · 59

좌절의 왕 · 60

고백 · 62

저녁의 신부 · 63

개척자 · 64

제4부

바다눈 · 67

테우리 · 68

역진화 · 69

섬의 혈통 · 70

제주 바다 · 72

백색 돛의 항로 · 73

날 버린 엄마의 옷 · 74

얼음 아이 · 75

공희(供犧) · 76

수자령(水子靈) · 78

해일 · 79

몽고점(蒙古點) · 80

탄생 · 81

태몽(胎夢) · 82

제5부

마닐라 봉투를 든 검정 고아의 나날 · 85

반전 · 86

외줄 타기 · 87

서른 살 · 88

윤회 · 90

안나 · 92

신열(身熱) · 93

Howl · 94

소년병 일지 · 96

죽은 어머니를 위한 사칙연산 · 98

HTP · 99

의자 · 100

해설 구멍 난 세계를 위한 레퀴엠 · 101
  오민석(문학평론가·단국대 명예교수)

제1부

불새잎눈

지나간 모든 것을 단번에 잊기 위해
수만 번 날갯짓하는 불새를 아시나요?
단 한 번 날아오르면 끄지 못할 섬광 같은

저 불티 잡아다 가슴에 품겠다고
몇몇은 빛을 따다 가지에 올렸지요
실패한 이야기들이 그물처럼 쌓였지만

우는 자의 밤이란 빈 새장 속 온기입니까?
텅 빈 줄 알았지만, 끝인 줄 알겠지만
아직도 두근거리는 나목 위의 심장들

수몰지

화차가 들어왔어, 물에 잠긴 밀밭으로
볼 붉은 아이들이 한 명씩 떠났지만
아무도 울지 않았어, 소리 없는 밤이었어

달 파먹던 여우들이 물에 미쳐 돌아가고
축축한 혀 내밀어 낟알 따던 송사리 떼
누구도 깨지 않았어, 기적(汽笛)조차 멈췄어

시작도 끝도 없던 푸른 밭의 전설들
주저앉은 노파가 주워 먹던 호밀빵은
침향과 침몰을 섞은 씨앗만 한 침묵이었어

화장(火葬)

눈이 그칠 겁니다, 그곳에 다다를 즘
차창은 환히 열려 남국의 말이 들리고
몇몇은 모포를 접어 조각배 띄울 겁니다

배신에 치를 떨던 여인이 발을 씻고
우리는 태양 위에서 기쁜 춤을 출 겁니다
증오는 바퀴에 쌓여 천천히 썩겠지요

불씨를 살리는 건 또 다른 작은 불씨
그러니 밟지 마세요, 다 식은 모닥불을
열차가 재를 뿌리며 오고 있는 소리까지

조장(鳥葬)

설산을 넘는 새는 긴 날개를 지녔다
가장 밝은 북극성에 먼저 가야 하므로
주검의 영혼을 달고 비상해야 하므로

불꽃놀이

두 손에 쥐고 있던 열쇠를 이리 주렴
내가 행복 주지, 밀밭 위의 소녀야
버려야 얻을 수 있는 신비를 알려주지

어깨에 앉아 있던 연갈색 종달새는
길들이지 않아서 집으로 돌아갔단다
소녀야, 채찍은 거둬 덤불숲에 던져 주렴

밀짚 얹은 나귀는 주저앉은 나귀일 뿐
짐을 진 소녀야, 방황을 한 줌 주지
들판이 빨갛게 물든 자유를 보여주지

박하의 박하마저 겨울의 겨울마저
입김마다 번지는 시작의 귓속말
소녀야, 용기를 주지 곧 타오를 불꽃처럼

쥐불놀이

대지의 불빛으로 한 발 걸어 나갔을 때
나는 보고 말았네, 죽어가던 곰쥐를
저것은 보듬어야지, 오래 품어 낳아야지

달 아닌 달무리로 별 아닌 별똥으로
내 배를 슬쩍 가르면 쏟아지던 부싯돌
이것이 전부였대도, 모두 다 거짓이라도

소멸

불을 끌 시간이 다가오고 있습니다
외따로이 서 있는 눈먼 자의 행보보다
자신을 보지 못하는 눈뜬 자를 살피세요

비밀마저 가려지는 진짜 어둠입니다
누구도 오지 않고 아무도 찾지 않는
시간의 흐름마저 끊긴 영원불멸한 고독

나에게 집중하세요, 타인은 없습니다
어디로 갈지 모르는 깡마른 고아는
모슬린 커튼을 닫고 흐느끼고 있으니

수화소녀프리즘

흩어진 유리구슬
그것만이 나의 전부
파란 집 이내 쓰러질
파랑의 지붕 아래
고아는 벗겨진 금박
노래 없는 오르골

한 입 깨문 도롱뇽과
청록빛 물웅덩이
울음 없이 태어났던
나귀가 우릴 깨울 때
맨발로 햇볕 밟고 선
알록달록 농아들

12월생

나의 작은 심장이 여름에 뛰었다면
바다 건너 극락조도 울지 않고 날았으리
파초도 제 잎 떨구며 햇살 내려 주었으리

'꿈을 노래하세요, 고둥 속 바다처럼.'
원주민 소녀의 장난스런 놀림마저
요람 속 긴 숨소리에 흩어지고 말았으리

활짝 핀 두 손에 거미가 집을 짓곤
나비마저 쫓았으리, 어지러이 날아가는
눈 따윈 알지 못하던 맨 살결의 초록처럼

서리 맞아 얼어붙은 무화과를 못 본 듯이
인중 끝 차게 식은 숨결마저 잊은 듯이
암소의 혓바닥보다 길고 긴 회귀선

264

그래 가지고 와, 광야 너머 고통을
나 이제 맨발로 서 너를 맞이할 테니
하이얀 모시 수건은 단칼에 찢어버려

달콤한 청포도 따윈 아무 의미 없는걸
닭보다 먼저 울던 내가 여기 있으니
돛배는 채찍 없이도 창해를 건너가지

오지 않는 것들은 영원히 오지 않는 것
백마는 굶주려 우리 곁에 누워 있고
북방엔 기약 없는 이의 풍문과 전설뿐

당당히 맞선 자의 뼈에 묻은 침묵으로
나 끝내 새기겠어, 초인 없는 노래를
강철도 무지개마저도 녹슬고 흩어지니

망각유아*

향유 가득 채워진 검푸른 바닷속에
나를 버려 주세요, 누구도 찾지 못하게
수탉도 우짖지 않을 미완의 그늘 속으로

바다가 어둠을 품는다고 했지요?
달빛마저 들지 않는 연산호 용암굴 밑
잘 여문 망각 속으로 선뜻 놓아주세요

해마 꼬리 휘어잡은 아가는 잊으셔요
청각 꽂고 매달리는 꼬마도 지우셔요
해류에 떠밀려 가는 길 잃은 부표처럼

탄생도 죽음마저도 오지 않을 심연으로
천천히 풀어주세요, 아무도 찾지 못하게
태곳적 나 낳기 전 그곳, 황량한 소금밭으로

---

*망각유아: 유아기억상실증(Infantile Amnesia).

부메랑

한 줌 없이 다시 태어나 내 삶이 지옥이라도
떼쓰지 않겠습니다, 주저하지 않겠습니다
가슴에 화살로 꽂힐 내 전생의 푸른 뱀

작은 짐승

돌층계 무너져 청자기도 깨진 바다
난이야, 저 포말이 눈물인지 몰랐지
심연 속 부스러기가 죽음인지 몰랐지

우리가 함께 앉던 느티나무 그늘은
벼락 하나 내리치던 벼랑 끝 비명이란다
들리니, 광풍에 미쳐 울부짖는 소리를

머리칼에 매달린 잎새가 떨어지자
산노루 새끼처럼 아비 찾던 난이야
울다가 쓰러져 지친 작디작은 짐승아

---

*신석정, 「작은 짐승」에서.

배꼽의 탄생

백금을 핥아먹는 수사자를 아시나요
그 곁엔 부드러운 만년설이 흐르고
밤마다 두 개의 달이 서로를 노래했던

최초의 울음소린 존재의 아명입니다
용감한 사냥꾼이 사자를 찾았을 때
당신이 보답한 것은 탯줄임을 압니다

우리는 오늘부터 다르게 불립니다
수사자의 자리에 배꼽이 생겨나고
백금은 나로 인하여 빛나게 될 겁니다

제2부

가족 서커스

아버지 자리에서 나 진정 나왔지요
정수리 뚫고 서선 신나게 무동 타고
내 피를 살살 데우며 동생 하나 꾀었지요

조그마한 목숨이 내게도 담기라고
공손히 침 뱉으며 내 속을 비웠지요
활짝 편 장우산 쓰고 외줄 타기 전까지

외팔이 형제를 어깨에 짊어지고
살금살금 기우뚱 외출하는 생일날
가여운 물뱀 사내여, 사양 말고 쉬다 가요

술래가 돌아오는 이름을 지어놓고
숨결이 돌아오길 고대하는 박수 세례
드디어 내 품에 돈은 가족들이 보이나요?

숨바꼭질
— 삼대(三代)

우산을 펼칩니다, 방패가 되겠습니다

매일 밤 접다 보면 투창도 되겠지요

영국식 구빈원에선 나이프도 제격입니다

저도 펼쳐봅니다, 아버지가 나옵니다

왜 그리 답답한 곳에 쪼그리고 계셨어요?

날 닮은 사내아이가 비에 젖어 우는 꿈

숨바꼭질
— 하관(下棺)

아버지, 노루 꼬린 이제 제가 자를게요
버들치 눈물 받아 깊은 우물 만드셔요
도르래 내리지 못할 어둠으로 숨으셔요

파다가 건져 올린 아들은 불태우고
할머니 뼈를 깎아 무쇠 삽을 지으셔요
아무도 찾을 수 없는 지름길만 밟으셔요

뚜껑을 닫습니다, 걱정 말고 숨으셔요
칼을 든 도깨비가 능선을 넘을 때도
술래는 언제나 돌아 파수꾼이 되는걸요

소년 애드벌룬

복어의 배를 밟아 바다에 내던진다
중독된 가족들은 해변에서 부패하고
누구도 살리지 못한 팔월 말의 사춘기

부력만이 예습했던 죽음을 다는 기준
오키나와 마호병이 만조에 떠밀려올 때
아버진 본드를 불며 내 손목을 묶는다

프릭쇼(freak show)*

어린 것만 낳을래, 바짓단 활짝 걷어
열두 번 벼락 맞은 우물에 몸을 씻고
독 오른 도롱뇽 잡아 눈에 넣고 비볐어

사내는 벗어버리고 고운 것만 품을래
두 입술 앙다물어 독니는 숨겨 놓고
모가지 높게 치켜든 붉은 지넨 뱉었어

노파가 쌓아 올린 광풍의 황무지는
긴 차양 드리워 성스러운 감람빛
저 혼자 살갗 깨부순 씨앗들만 꽃 피우지

허물 덮인 세상이란 단단한 비웃음이야
화사한 비늘 털며 구름 뭉게 그네 타면
구만 년 내 살에 박힌 오발탄의 아이들

---

*프릭쇼(freak show): 기형적인 외모의 사람들을 모아 구경거리로 보여주거나 곡예를 하는 공연.

대물림

그해 말벌들은 가난을 물어 놓고
양철 주머니에 집을 짓기 시작했다

지루한 장마만 종종
들여보는 새 식솔

까맣게 올라오는 저녁을 달아 놓고
누가 왕이 될까 둘러앉은 벌레들

아버지, 제 외투는 아직
비에 젖지 않았지요?

소년원 친구들

거미를 길들이던 친구가 중얼댔다
'여기서 나간다면 박쥐를 키우겠어,
젖 없이 자란 것들은 버릇이 없거든.'

'웃기지 마, 방장은 자기 엄말 때렸고
신입의 여동생은 두 번이나 애 지웠대.'
내 말에 동의한 친군 스스로를 저주했다

왜 여긴 보육원보다 고아들이 많을까?
우리는 징벌방에서 어른으로 태어나고
거미는 어밀 삼켜야 줄을 칠 수 있었다

모험가

우리는 기도합니다, 청동의 새를 보며
누가 만들었는지 알 수는 없었지만
저 새가 날아오를 때의 빈자리를 그립니다
이 도시에 머물렀던 한 무리의 집시들은
저것은 신이 아니라 달궈진 쇳덩이라며
여름을 채우지 못하고 이곳을 떠났습니다
포로로 잡혀 온 패잔병도 외쳤습니다
'우상을 숭배하는 이교도의 무리여,
동상에 가래를 뱉고 진심으로 회개하라.'
훌륭한 스승이며 선지자인 율법사는
그들의 어리석음에 답하지 않았습니다
진리란 혀끝에 닿으면 사라지는 것이므로
그러나 사제들은 참을 수 없었습니다
청동의 저 심장에 무엇이 있는지를
선대의 굳은 맹약이 어떤 의미가 있는지를
그날 밤 우리들은 동상에 올랐습니다
누구도 내뱉지 못한 이 예언을 노래하면서
'모험을 시작한 자가 온 세상을 굽어본다네.'

취업반 친구들

앨범엔 없었지만 우리는 졸업했다
모든 선택이 옳지만은 않았다는
교장의 가래가 끓는 목소리와 더불어

밀가루 묻은 옷을 툭툭 털어내며
서로의 대학과 미래를 묻고 있던
친구여, 쇠똥이 튀는 용접봉이 궁금한가

첫 월급을 아버지께 빼앗겼던 고3의 봄
인두로 팔을 지진 동료가 실려 간 밤
우리는 알아버렸다, 통만 남은 제비뽑길

수상가옥

고양이를 말리는 지붕 위의 가족들
죄의식은 우유보다 부드럽고 희미하여
소년은 보름이 지나도 차도가 없었다

절름발이 약재상은 다시 오지 않았다
죽음은 지나치게 끈적이며 투명하고
장마는 불온한 자태로 그 시작을 알린다

응달의 집

1.
잔설은 4월이 돼야 칼날로 빛났다
북향의 고드름은 살점마냥 떨어지고
곰쥐는 벽장에 숨어 제 새끼를 파먹었다
새순이 우릴 가둘 그물의 시작이란 건
계몽사 사전에 나올 진솔한 원리였다
부러진 잔가지만이 재가 되는 진리처럼

2.
얘야, 눈에 베일라,
그 위를 걷지 마라
할머님 걱정 마셔요,
신열로 불덩인걸요
보셔요, 응달의 집이
활활 타는 신비를

성탄제

1.
오늘은 왜 저를 때리지 않으셔요
잦아드는 숨결이 끊길까 두려운가요
산수유 붉은 알알은 어젯밤 각혈일 뿐

나는 삶의 새끼, 절뚝이며 노여운
짐승이 괴물을 배도 놀라지 않듯이
빠알간 숯불 피우는 할머니도 짐승이시죠?

창밖에 매달리며 눈발 치는 원죄들
저는요, 아버지처럼 살지 않을 거예요
서늘한 볼에 풍기는 노루 사향 피 냄새

2.
혈족을 닮아가는 서른의 나를 위해
이마에 칼을 꽂고 거꾸로 매달릴 시간
성탄제 속죄양들은 하얗게 쏟아지고

---

*김종길, 「성탄제」에서.

버려진 소년

은사시에 매달린 가오리연을 줍고
날 닮은 아들을 배고 말았지 뭐에요
잘 봐요, 미완의 씨앗만 주렁주렁 박혔지요?

나야말로 홀로 크는 위대한 사내아이
비웃음과 손가락질은 두렵지 않은걸요
열병은 한 번만으로 족하니까 말이죠
다섯 팔을 휘두르고 아홉 눈을 부라려도
이제 난 바지폭 넓은 훌륭한 파수꾼
반쪽의 심장이지만 도망치지 않아요

끊어진 연줄 감고 주인이 찾아온대도
눈 감고 무시하는 건 새로 생긴 특기랄까요
세상의 모든 미아가 울다 지쳐 잠들었듯이

사춘기

넘어지지 않았어도
날 일으켜 주세요
진실로 쓰러진다면
참되게 그렇다면
그때는 이미 늦은 것,
지금 손 잡아주세요

첫눈 뜬 고양이가
발톱을 세우듯이
생채기 난 외톨이가
맨발로 서 있듯이
거봐요, 손목 긋던 그 밤엔
아무것도 없지요?

이지메

오늘은 찔러 죽였어, 잘 벼린 사카이 칼로
악몽에서 영원히 깨지 않길 바라면서
담 아래 훌쩍이며 선 어제 나는 굿바이
미안해, 잘못했어, 이런 말은 그만 할래
스미레 강가에는 벚꽃이 한창이고
추악한 얼굴 벗기면 더 추악해 다행이야
변기에서 건져낸 비굴한 내 얼굴도
살기 위해 더 맞았던 교실 속 난투극도
언젠가 사라지겠지, 향기 없는 과거처럼
사는 것과 죽는 것이 똑같은 무게라면
참회가 어울리는 어른도 근사할 거야
차가운 버찌로 물든 멍 자국을 만지면서

가족사진

남몰래 여동생이 유언장을 보여준다
나는 훌쩍이다 벽장에서 잠이 들고
도망간 거위 떼들이 돌아오는 하짓날

일기장에 적혀 있는 이름을 다 외우면
또다시 태어난단 마법을 믿는 나이
그런데 아버지는 왜, 토끼장에서 주무세요?

살릴 것이 없어서 죽일 것도 없던 그해
근사미를 삼키고도 살아 있던 할머니는
변소에 보살이 있다며 똥통을 휘젓고

찍습니다, 속(俗)에서 더 가파른 속(俗)으로
온갖 종의 족보가 시취로 꽉 찼듯이
관을 진 소라게들이 죽음 이홉 찾듯이

제3부

다시 오는 노래

당신을 덮치는 건 파도가 아니랍니다
내 사랑은 훌쩍 자라 당신 키를 넘었고
불에 탄 너구리마저 우리 곁에 왔습니다

당신이 머문 집이 새까맣게 탔을 때도
뚜껑 닫힌 우물엔 맑은 물이 고였습니다
우리는 기억하지요, 반딧불의 그 밤을

타버린 벌판만이 양지가 되는 시간
맨발로 헤매다 저에게 걸어오세요
강물은 불길 지나도 그 자리로 흐르니

마지막 연애담

불행해서 착한 이와 오늘 밤 연애할래
그를 쉽게 버린다 해도 미안해할 필요 없으니
당신도 같은 생각으로 내 곁에 있었으면 해

소멸된 언어들로 키스를 나눈 뒤
벨벳색 벤치에 놓인 유리 빵을 함께 씹자
마지막 징표만큼은 상처만이 어울리니까

기억해, 어떤 끝으로 빨려가는 박하 향기
검은색 봉투에 적힌 읽지 못할 검은 글씨
천천히 썩어들어 갈 페루산 라임까지

나에게 남은 것이 흔적밖에 없다면
그건 때론 차갑고 조용히 사라지는 것
알잖아, 어떤 행복은 마지막에 오는 것을

비밀로 사라져 버릴 우리들의 연애담들
당신이 잃어버린 슬리퍼 한 짝은

지금도 심연의 파문으로 가라앉고 있으니

여름 비밀

다정하게 말을 거는 당신이 좋아요
한 번 더 물어보세요, 온갖 걸 드릴 테니
잘 익어 토마토 같은 심장까지 꺼낼까요?

부담 갖지 마세요, 이게 진심인걸요
오후의 옥수수에겐 입단속을 시켰지요
살며시 들어오세요, 누구도 알지 못하게

망각으로 간을 맞춘 수프를 대접하고
한 쌍의 송로버섯과 티타임을 가질까 해요
당신만 날 찾는다면 이곳은 완벽한 시간

가을은 별로예요, 텅 빈 것은 숨길래요
뜨겁게 타오르는 상처를 품에 안고
상냥한 걸음걸이로 내 텃밭을 밟고 와요

정키(Junkie)*

나를 알고 싶다면 너를 보여 주겠니?
굶주린 상처와 바스러진 치욕들로
걱정 마, 나는 너보다 더 큰 시련을 말할 테니
이 밤이 두렵다면 침묵도 개의치 않아
여섯 번 넘어지고 아홉 번 웃는 아이
입술을 꽉 깨문 이름, 그게 바로 너거든
흑요석 팔찌를 찬 해변의 고아에게
너를 파는 일은 절대로 없을 거야
이래도 못 믿겠다면 내 손목을 보여 줄까?
다 함께 갈 수 있어, 슬픔 없는 곳으로
따라와 볼 수 있어, 두 발이 사라진대도
이제는 대답해 볼래? 발가벗은 네 과거를
진실이 드러날 때 우리는 떠날까 해
잿더미 강을 건너 백양목 기찰 타고
독 품은 밤의 연기를 서로 나눠 마시면서

---

*정키(Junkie): 마약중독자.

존 그리어 보육원의 불량소년들

대장은 입을 열었다, 잘린 껍질 들고
'세상의 흠집 속에 집어넣은 흔적이야,
헛간 밖 악취미들은 이제 그만 넣어둬.'

어린 낙오자만큼 멋진 것은 없었기에
모두 그의 말에 고개를 끄덕였다
맥주를 훔치다 들킨 나도 역시 마찬가지

찻잔 속 도마뱀이 원장을 놀래켰을 때
선함보다 추악함에 마음이 끌렸을 때
불순한 공범이 되는 건 경이로운 일이었다

영원히 자라지 않을 손가락을 곁에 두고
대장은 또 누구를 황홀하게 홀릴까
고아는 참으로 견고한 담장 아래 흑마술

오래전 이곳을 떠난 곱사등이 패장은
독약을 손에 쥐고 우물에 빠졌다 했다

'조심해, 소문이야말로 낙인보다 깊으니.'

대장들의 마지막은 언제나 불행했지만
우리는 겁 없이 불량함을 뽐냈다
조금씩 거뭇해지는 수염을 만지면서

첫사랑

당신이 기대하던 오늘은 솜사탕의 날
시럽에 살짝 조린 우산을 함께 쓰면
우리는 부드러워져, 봉봉 속 포도처럼

어쩌면 당신과 난 달콤한 벚꽃 가루
캐러멜 상자에 담긴 쌍둥이 남매에게
이름을 물려준대도 멋진 날이 될 거야

슈크림 관람차엔 풋사과 젤리 의자
저길 봐, 우릴 닮은 미완성의 구름들이
살구 맛 투명한 빛깔로 말랑해져 있는 것을

한 발은 느리게 한 발은 또 더디게
당신이 내게 건넨 초콜릿은 녹겠지만
내일도 왼쪽 어깨는 널 위해 비워둘게

A.A*

앤 설리, 당신 말은 절반만 믿을게요
실패를 함께하긴 우린 아직 이르니까
이 밤이 허물어지는 윤리적인 이유까지

당신도 내 호의를 확신하진 마세요
푸른빛 압생트와 주근깨의 믿음들이
내일은 의도치 않게 뭉개질 수 있으니

기지촌 한 여인이 치마를 뒤집어쓰고
아들이라 웃고 있는 그러한 기괴함
용기란, 이런 날 위한 앤 설리의 좌우명

A에서 A까지 중독된 시간에서도
난 아직 당신 본명을 잊지 않았습니다
병동 밖 허물어져 갔던 마지막 키스까지

---

*A.A.(alcoholics anonymous): 알코올 중독자 자조 모임.

쌍둥이
— 양보의 대가

언니는 모르겠지, 그해의 봄 소풍을
반숙된 달걀에선 병아리가 나왔고
사라진 보물 종이가 영원한 미궁인걸

두 발은 위태로워 네 발이 필요했어
날개 없는 말개미가 꼭대기에 오르듯이
나 대신 이어 달렸던 언니만의 거친 호흡

서로의 옷을 입고 고백했던 그런 하루,
강에 버린 구두 대신 목발을 짚었을 때
우리는 만주를 가르며 용서하고 있었어

쌍둥이
— 언니의 연애

네가 무엇을 하든 난 너와 함께 있어
바람난 애인을 신나게 저주할 때도
찌질한 대학 동기를 사랑한다 고백할 때도

물론 이럴 때도 널 떠나진 않을 거야
마약상을 쫓아다닌 불순한 숙녀였어도
매일 밤 고양일 죽인 초췌한 마녀였어도

하나가 어렵지 않게 둘을 부른 것처럼
언제나 너의 곁엔 내가 있음이 분명해
누구나 아는 것들은 말하기 곤란하니까

혹한에 지쳐버린 메마른 암늑대처럼
두렵지만 신비로운 성년식을 시작할까?
이별을 직감해야 했던 탯줄 끊는 입맞춤까지

화전(火田)

구근보다 큰 꽃을 피울 줄 아는 나이
나 당신 사랑해서 오소릴 풀어줬지요
우리는 길들일 수 없는 위대함을 배웠으니
영혼이 말[馬]이 씹은 유순한 독초라면
기다릴 그대여, 나를 살짝 꺾으세요
매듭은 풀어놓았으니 그저 끌고 가세요
눈이 먼 병자만이 불의 깊일 아는 법
빈 수레 끝에 앉아 정처 없이 가는 밤엔
무너진 건초더미처럼 나를 흩어주세요

우리가 태어나기 전, 그 음울한 재 속에서도
아시지요? 불탄 자리에 살아남은 살모사를
스스로 독을 삼켰던 첫사랑을 말이에요

소녀들의 다락방

모과나무 서랍 속 생쥐 둥지 깊숙이
우리는 산딸기잼을 잘 묻어 놓았지요
우정은 영원하니까, 변하면 안 되니까

전학 온 친구와 한 손을 맞댈 때도
저는 잊지 않았어요, 내 절반의 느낌을
맹세의 박하사탕은 결코 녹지 않으니

짝 잃은 교환 일기, 끊어진 매듭 반지
미안한 게 많아서 찾아오지 않아도
용서는 저만 할 수 있는 이 방의 특권이죠

자줏빛 이름을 썼다, 지우길 반복하는 밤
손쉬운 수수께끼나 문밖에 내걸까 봐요
기적이 애꾸눈이라도 지나칠 수 없도록

좌절의 왕

그대, 아이보리빛 별장으로 오세요
어떤 지도에도 그려지지 않았던
작고도 신비스러운 우리만의 장소로

준비된 미래는 중요하지 않아요
실패한 과거만이 여길 밝히는 힘
원해요, 그댈 경멸한 수많은 눈동자를

얌전한 흑고양이 따라가지 마세요
잔잔한 붉은 바단 진짜가 아니랍니다
천천히 걸어오세요, 늪이야말로 아름다우니

지친 엽견(獵犬)들과 그대가 돌아온 날
한여름 별장에도 겨울은 온답니다
우리는 사냥감보다 놓친 것이 궁금해요

그러니 빛이 사라져 길을 잃는다 해도
두려워 말아요, 꼭 여길 찾을 테니

은백색 꼬리가 멋진 찬연한 좌절과 함께

고백

네가 내 아이라면, 자줏빛 볼이라면
혀 위에 보리 쓸어도 아파하지 않으리
교회 안 봉헌 상자도 열어보지 않으리

내일은 올빼미 울어 태양도 가리는 날
고양이 발끝으로 첨탑에 올라앉아
탐스런 네 눈망울을 훔쳐서라도 달아두리

바늘 삼켜 속 꿰매는 현명한 아이야
맨발로 홀로 서는 담대한 아이야
굴뚝은 젖은 담요로 덮어두고 이리 오렴

나 오직 가진 것은 순수한 물물교환
진창길 밟고 오는, 덤불숲 헤쳐오는
연인아, 내 무릎에 누울 자정의 무지개야

저녁의 신부

민트향 감자칩을 천천히 씹는 시간
깨진 알구슬 속 산란한 빛깔들이
철문에 쪼그려 앉은 당신을 재울 묘약

우리는 본 적 없는 아이를 가지겠지요?
완벽한 느낌이란 낯설고 겸연쩍기에
어설픈 것들이야말로 처음과 어울리는 법

절판된 감각이 만든 우리들의 신혼 풍경
당신을 껴안았던 두 팔을 풀고서야
박쥐는 어둠을 몰며 머리 위로 날아가고

개척자

토끼가 갉아 먹은 지도를 좋아해

덤불만 무성했던 지름길을 잃어버린

소년의 울 것만 같은 표정들을 좋아해

'운명은 지우세요, 지나간 달력처럼'

낡은 타로 카드와 시침 없는 시계까지

좋아해, 당신이 놓친 퍼즐 조각 하나를

제4부

바다눈*

사체로 만든 눈[雪]이 당신을 부릅니다
포큐파인 해저 평원 그곳에서 말입니다
천 년 전 우릴 낳았던 한 여인의 울음처럼

첫눈이 혀에 닿는 칠 일째 밤입니다
심해를 유영하는 잠수정 그 아래로
우리는 빛과 어둠을 구분하지 못합니다

세상의 우연들은 필연의 이면입니까?
죽음을 먹고 자란 돗돔이 떠오르자
어부는 끝내 못 찾은 첫아들을 기립니다

---

*바다눈(marine snow): 해저에 가라앉은 사체 부스러기가 눈처럼 보이는 현상.

테우리*

그날 밤 관박쥐는 비막을 펼쳤고
노인은 오랜 숙명을 말하지 않았다
뒤엉킨 은하를 푸는 한 소년의 채찍질

---

*테우리: 마소를 방목하여 기르는 사람을 뜻하는 제주 방언.

역진화

어유(魚油)를 뽑고 있는 아버지는 아실까요
심해로 가라앉은 상어의 몸뚱이와
죽음을 직감하였던 두 팔 없는 동생을

진화는 지느러미가 손이 되는 것이래요
우리의 믿음이란 잡히지 않아서
매일 밤 하느님들도 뒷걸음질만 치고

나은 것이 없어서 낫지 않을 주일의 낮
끓고 있던 기름만 천천히 굳어갑니다
이름이 개새끼였던 후생 없는 족속처럼

섬의 혈통

두 눈 감고 듣거라, 눈이 맑은 아가야
어머니 피를 받고 아버지 뼈를 받아
외발로 생지옥 넘어 세상 밝힐 등불아

아가야, 모든 빛은 바다에서 나왔단다
그 빛 한 줌 털어 섬 지으신 할마님이
너에게 속삭였단다, 어둠 찢을 배꼽아

검둥개 너를 물어 좌정승파 손자 되고
무장대 외둥이로 어둠 뚫고 나왔단다
아가야, 도대불 올라 위대해질 종손아

차오른 물웅덩이 어찌 너만 있겠느냐
다섯 식솔 밀항선 타 물에 빠져 죽을 때도
가문은 부싯돌 살려 생가슴을 그었으니

핏줄 하나 없는 물결 너 홀로 걸어가라
찰박대는 갯바위, 흩어진 비문(碑文) 넘어

난파선 뱃머리 위에 불씨 겨눌 화살아

제주 바다

깨친 채로 두세요, 누구나 알아차리게
뒤에 오는 철부진 내력 따윈 모른답니다
바람이 덧댄 문에서 비명 지른 이유도

바다는 유리 조각, 수없이 베었지요
맨발로 절뚝이며 여까지 도망칠 때도
몇몇은 상처를 보고 내 본향을 알았지요

힘겹게 건넜으나 한 번도 넘지 못한 곳
매일 밤 날 죽이며 나를 숨겨 놓았지만
유성은 삭풍 지난 조류에 더 밝게 비치던걸요

백색 돛의 항로

오늘은 결심했지요, 당신과 함께 가기로
길 잃은 새끼 고래가 해변에서 부활하는
그곳은 은고사리 땅, 시작 없는 세상의 끝

북풍의 영혼들도 준비를 마쳤다네요
비워야 채워지는 평범한 진리를 익힌
암갈색 피크닉 상자도 잊지 말고 챙기세요

다시 오지 않을 것을 기다리는 문지기처럼
종말 없는 예언을 찾던 중세의 수도사처럼
출발은 도착 없이도 의미 있기 마련입니다

두 손을 흔드세요, 기약 없는 인사지만
눈물 없는 환송과 남겨진 존재를 위해
침몰한 범선의 항로를 잊지 못한 자를 위해

날 버린 엄마의 옷

1.

금박 달린 저고릴 선물해 주겠어요
은민어 부레풀을 목판에 뿌려놓고
세상의 가장 큰 빛을 두드려 말렸어요
행복만 가득하다면 얼마나 지겹겠어요
몇 뿌리의 저주를 내 몸에 심어주신 이
사내가 아기를 낳는 기적을 보실래요?
당신만 가득했던 목화밭을 갈아엎고
빨갛게 웃고 자란 새끼들을 보셔요
지옥은 접고 또 접어 반짇고리에 넣었어요

2.

유리 단추 몰래 삼켜 발톱을 숨겨 놓고
돋아난 복수를 한발 짚고 있는 밤
여우야, 죽은 어미로 옷을 지어 입거라

얼음 아이

물뱀에게 물렸어도 살아남을 아이란다
장닭 같은 손주야, 봉황이 될 종손아
할머닌 내 배를 쓸며 이런 주문 외셨다

짓무른 청포도 속 씨앗일 뿐인걸요
아버진 개구리알을 땅에 심고 말았지요
태 속에 들어갈 나는, 이렇게 되뇌었다

만신이 둘러앉아 구경하던 유리방
목장도 높게 들어 목을 베던 그림자만
내 입에 목숨 떨구며 핏줄 하나, 배꼽 하나

공희(供犧)

살살이꽃 꺾어다 할마님께 바칠래요
서천꽃밭 맑은 물은 천년만년 떠버리고
가문 땅 열병 흘리며 목숨 뜯고 헤맬래요

어미는 필요 없죠, 나 그 피 버렸으니
사나운 무장승 구슬 하나 훔쳐놓고
할마님, 그 주머니에 숨결 한 줌 불어줘요

살 끓는 바다에선 입술 따다 붙이고
뼈 끓는 골짜기엔 배꼽 훑어 놓았어요
불덩이 칠성판 들면 가문 문중 돌림병

할마님께 드릴래요, 생불꽃 명줄 따다
바윗돌 가루 되고 가루 다시 눈물 되면
디딤돌 높은 자리는 당신의 몫이어요

혀뿌리 뽑았으니 이 길로만 오세요
나 이제 만신 받고 치성으로 기를 시간

혼으로 걸어오셔요, 내 피 물든 꽃 들고

수자령(水子靈)

두 개의 초승달이 어긋났던 만조의 밤
아가는 강보에 싸여 해류에 흘러간다
열다섯 어린 신부만 유리 씹어 혀 끊고

해일

태양을 말아 올려 혀 위에 감싸는 밤
달무리에 가려진 불온한 소문들만
어젯밤 잔재에 실려 부유하다 솟는 힘

코 들고 큼큼대는 굶주린 불개 떼가
몰래 낳은 영알(嬰兒) 물고 홀연히 사라진 곳
바다는 비늘을 털며 적란(積亂)으로 오르고

몽고점(蒙古點)

숯덩이 어린 말이 돌덩이를 낳는다

나는 손뼉 치다 구덩이에 넘어지고

누군가 내 엉덩이를 걷어차자, 준비 땅

탄생

삼승할망 나 보낼 때

눈물 씨앗 쥐여주며

포기하지 말아라,

길을 잃지 말거라

장맛비 지나간 하늘

툭 떨어진 풋자두

태몽(胎夢)

1.
치열 고른 사내애를 한번 낳아 보겠어
마마꽃 번지는 뜨거운 이마 위로
한낮에 비명 지르며 금줄 달아 두겠어

낳지 못할 아이라면 하나만 훔치겠어
빗줄기 요동치는 금방울 흔들면서
목어 속 텅 빈 가슴에 아이 하나 품겠어

봉오리 빈 꽃술, 조릿대 마디마디
나보다 늙어버린 아이라도 찾겠어
돌무덤 검은 땅 얼고 잔치라도 벌이면서

2.
혼인색 만개한 피라미 엮어두면
저절로 붉어지는 새벽녘 잉걸불
할마님, 저 보내실 적 어떤 꿈 주셨나요?

제5부

마닐라 봉투를 든 검정 고아의 나날

이제는 꺼낼게요, 나만큼 슬픈 것들을

잘 마른 토끼털과 딱딱해진 호밀식빵, 메마른 숨소리와 차게 식은 엉겅퀴죽, 굶주린 목양견은 이미 절 떠났으니 멀리서 날 찾아온 목숨 하나 꺼낼게요 매 맞는 소년들과 노예들의 낮은 영가, 쫓겨난 이방인과 털 없는 붉은 쥐 떼, 사라진 존재들과 사라질 존재들 속 한 줌 남은 내 희망도 밖으로 나왔어요

지금 전 한갓 빈털터리, 이게 바로 나인걸요

반전

촛농이 떨어진다고 그 누가 말합니까

당신의 여린 손만이 세상을 뒤집습니다

올곧게 물구나무서야 피어나는 밀랍의 꽃

외줄 타기

훔친 유리구슬 주머니에 몰래 넣고
이제 길을 떠나네, 불길의 저편으로
달빛에 몸을 바꾸던 그림자 속 여우처럼

말뚝에 묶여 있던 어릿광대 지르밟고
수탉의 모가지만 한 움큼 휘어잡네
어둠을 열어젖히면 환호하는 꼭두들

차양을 걷는 자가 첫발을 내딛는 법
결국 한 점이었네, 외줄 타는 녹슨 닻도
길마다 쏟아져 내려 날 내리칠 벼락까지

서른 살

*

명사보다 형용사를
신발보다 발자국을
완성보다 미완성을
박하만큼 흰 혀끝을

원했다
하지 그늘에 선
피뢰침의
느슨함

*

잠언의 교훈보다
비문(碑文)의 색바램을
선명한 처방보다
일병의 졸린 은폐를

서른은

장지(葬地)를 덮은

까마귀처럼

몰려왔다

*

어른 되면 모든 것이 빛나리라 믿었습니다

한 줄의 퇴고 없는 연혁을 쓰고 싶었죠

진실로 죄송했습니다, 내가 깼던 유리 너머

윤회

낯설지만 보드라운 욕설을 좋아해요
나를 매질하세요, 종려나무 잎사귀로
한 방울 피 흘리지 않는 나야말로 슬프니

힘들 것은 없어요, 어제도 죽었으니
헝가리식 장례는 나와 무척 어울렸죠
이렇게 말하고 싶어요, 거듭나서 사는걸요

철 지난 복수심과 작별한 지 오래예요
참회와 용서만큼은 구분할 수 있어요
나 대신 목매단 이는 나로 다시 태어날까요

부지런히 죽은 자는 그대로 아름다워서
무너진 뒤뜰 넘어 투명한 유리 같아요
밟으면 산산조각 날 얼음 속 착란처럼

나는 떠올려요, 흙투성이 개새끼일 때
나는 또 기억해요, 떠돌이 미아일 때

신들은 벼랑에 기댄 위태로운 방관자

오늘의 침대는 내일의 관이라고
매질하던 아버지가 웃으며 말하네요
그래도 전 말이죠 아버지, 죽는 게 두려운걸요

안나

안나의 이름으로 안나에게 물어보자
오늘의 안나가 내일의 안나인지
안나가 안나를 부를 때 무엇이라 말하는지

안나에게 중요한 건 안나만이 아니다
그러므로 안나에게 안나를 묻는다면
안나의 불친절함쯤은 눈감아 줘야 한다

염소도 매미도 아닌 미지의 발성으로
우리는 안나를 힘차게 불러야 한다
인종도 성별도 모를 신비로운 안나를

때때로 안나를 찾던 또 다른 안나는
누가 진짜 안나인지 안나에게 묻고 싶다
언제나 그곳에 있을 법한 단 한 명의 안나를

신열(身熱)

수염 난 두꺼비가 나를 깨워주었지
정화수 맑은 물은 마당에 넘쳤지만
그것은 오욕이었어, 가문 땅 진흙뿐인
아궁이 깊은 곳 숨겨둔 온기마다
내 피 하나 뚝뚝 떨궈 불씨 끄고 싶었지
죽어야 살 수 있다는 그것은 천형이었어

선생님, 오늘도 학교에 못 가겠어요
꼬리 잘린 뱀이 와서 제 살을 태우거든요
할머닌 기도 중이셔요, 이것만은 진실이에요

Howl*

우리는 노래했다, 그날 밤 쉬지 않고
형들의 애인 얘기나 자살한 동료 얘기를
때때로 자수를 택한 마약상의 풍문까지

우린 또 노래했다, 다가올 죽음에 대해
자정의 환멸과 비루한 첫사랑을
이곳에 도착하지 못한 나와 닮은 소년까지

죽은 자를 흉내 냈던 빈민굴의 어린 나와
대마에 취해 있던 미치광이 아버지들
오욕은 빈집에 갇힌 연인보다 가볍고

한 줌의 햇빛마저 가려진 암흑에서
우리는 온갖 의문이 해답이길 바란다
미지는 알 수 없기에 새벽과 닮은 것처럼

마지막 노랫말은 죄 없는 용서만을
악마로 이름 붙여진 고약한 괴물들은

끝끝내 자신을 찢어야 울부짖을 수 있기에

---
*앨런 긴즈버그, 「Howl」에서.

소년병 일지

1. 피난 열차

기차를 처음 본 소년들이 외쳤다
통증의 이 세계는 어떻게 건너지?
창마다 하얗게 번진 성애와 몰락들

2. 가족사진

다섯 번 환생했다는 점쟁이의 믿음처럼
견고하고 오래된 일족의 돌림병이여
보세요, 구원받지 못할 백지의 얼굴을

3. 사합원

남향의 고드름은 독 품은 지네 같다
눈이 먼 소녀는 북향에 돌아눕고
흑지(黑紙)에 빛을 모으던 쥐불놀이 고아들

4. 공습경보

'죽어서도 불리도록 흔한 이름 짓는다'
이것은 사라졌던 아버지의 믿음이었다
자꾸만 나를 부르는 여덟 갈래 사이렌

5. 유언

아들아, 목수들은 사라지지 않는단다
파괴되면 될수록 세울 것이 많으니까
수은의 바다 건넜던 한 척의 뗏목처럼

죽은 어머니를 위한 사칙연산

사랑은 더하고
우정은 곱하였으며
분노는 빼버리고
양식은 나눴습니다

당신의
어린 아들만
남았습니다,
아—멘

HTP*

제발 내게 쥐여줘
가막살 붉은 열매

가지 위 피 떨군 아이
불타버린 양철지붕

사생아
아동 성폭력
가출팸
정신질환

---
* 집-나무-사람 검사(House-Tree-Person Test).

의자

아침이 왔으나 자리는 비었습니다
아무도 없습니다, 오실 분은 누구입니까?
해묵은 의자에 앉을 어린 분을 찾습니다

혹시 휘황찬란한 교상에 올랐는지요
먼 옛날 그분이 와 내 흠을 탓하신다면
의자를 뒤집어쓰곤 왕관이라 웃겠습니다

---

*조병화, 「의자」에서.

해설

구멍 난 세계를 위한 레퀴엠
— 김상규 시집 『존 그리어 보육원의 불량소년들』 읽기

오민석(문학평론가·단국대 명예교수)

윌리엄 블레이크(W. Blake)가 쓴 「타이거(The Tyger)」라는 제목의 시에 "무시무시한 균형(fearful symmetry)"이라는 유명한 대목이 나온다. 시인은 어두운 숲속에서 무섭도록 밝게 불타는 호랑이의 눈을 경외하고 두려워하며 "어떤 불멸의 손과 눈이/그대의 그 무시무시한 균형을 만들어낼 수 있었을까?"라고 묻는다. 불을 뿜는 호랑이의 눈에서 블레이크가 읽은 것은 오로지 신만이 만들어낼 수 있는 절대적인 질서와 균형이다. 물론 그는 개체로서의 한 존재에 나타난 신의 손길을 읽고 있다. 그러나 창조주의 시각에서 볼 때 피조물들의 이해를 훌쩍 뛰어넘을 '무시무시한' 수준의 질서와 균형은 개체만이 아니라 그것들의 집합인 세계에서도 나타난다. 불행에 처한

사람이 있다면, 행운을 즐기는 사람이 있고, 태어나는 자가 있다면 죽는 자도 있으며, 가난한 자가 있다면 부유한 자가 있게 마련이다. 불행과 행운은 오로지 그것에 점유된 각 개체의 몫이 되며 개체 너머의 세계적 차원에서 볼 때 그것들의 분포와 배열은 놀랍도록 대칭적이다. 그러나 보라. 초월적 존재가 아닌, 제 운명의 담지자인 피조물들에게 있어서 세계는 종종 결함투성이고 불공평하며 비대칭적이고 심하게 기울어진 운동장이다. 블레이크가 위의 시에서 개체 속에 보편적으로 존재하는 놀라운 균형과 질서에 주목했다면, 김상규 시인은 이 시집에서 개체의 현실 속에 구현된 비대칭과 불균형에 주목한다. 이 시집에 등장하는 보육원, 사생아, 아동 성폭력, 불량소년, 오발탄, 소년원, 고아, 버려진 소년, 손목 긋던 그 밤, 악몽, 멍 자국, 날 버린 엄마, 정키(마약중독자), 기지촌, 지옥, 복수 같은 기표들은 모두 불균형과 비대칭으로 구멍 난 세계의 내면을 향해 있다.

아직도 멀쩡한 것이 남아 있다고?

불균형의 비극을 감당하는 개체들은 늘 세계의 균형과 대결한다. 불행은 왜 나에게(만) 일어나는가. 나는 왜 이 끔찍한 삶을 견뎌야 하는가. 나의 불행이 세계의 균형 일부라면, 하필이면 왜 내가 이 불행의 저울대에 서 있어야 하는가. 이런 것들을 감당하는 개체들이 느끼는 보편적인 것은 균형과 대칭과 조화가 아니라 불균형과 비대칭과 부조화이다.

>거미를 길들이던 친구가 중얼댔다
>'여기서 나간다면 박쥐를 키우겠어,
>젖 없이 자란 것들은 버릇이 없거든.'
>
>'웃기지 마, 방장은 자기 엄말 때렸고
>신입의 여동생은 두 번이나 애 지웠대.'
>내 말에 동의한 친군 스스로를 저주했다
>
>왜 여긴 보육원보다 고아들이 많을까?
>우리는 징벌방에서 어른으로 태어나고
>거미는 어밀 삼켜야 줄을 칠 수 있었다
>―「소년원 친구들」 전문

"소년원"은 불행한 세계의 대명사이다. 그곳엔 불균등한 세상에서 불균등하게 밀려난 아이들로 가득하다. 그곳의 아이들은 징벌을 받아야 어른이 되고, "어밀 삼켜야" 비로소 제힘으로 살아가는 "거미"를 닮는다. "자기 엄마"를 때린 "방장", "두 번이나 애"를 지운 "신입의 여동생"은 그런 세계의 그늘에 존재하는 자들이다. 그들은 그들의 불행으로 행복한 자들의 대칭을 이룬다. 소년원은 불행과 저주와 징벌의 공간으로 행복과 축복과 포상의 공간의 대척점에 있지만, 그 내부의 구성원들에게 그것은 세계의 한 짝이 아니라 전부이다. 왜냐하면 그들은 그것 바깥으로 나갈 수 없기 때문이다. 청동 지붕이 무겁게 내려앉은 그곳에서 그들은 그들만의 문법으로 그들만의 세계를 만들어간다. 그들은 어미를 죽여 어른이 되고, 어른이 됨으로써 다시 죽임을 당해야 할 대상이 된다.

1.
오늘은 왜 저를 때리지 않으서요
잦아드는 숨결이 끊길까 두려운가요
산수유 붉은 알알은 어젯밤 각혈일 뿐

나는 삶의 새끼, 절뚝이며 노여운
짐승이 괴물을 배도 놀라지 않듯이
빠알간 숯불 피우는 할머니도 짐승이시죠?

창밖에 매달리며 눈발 치는 원죄들
저는요, 아버지처럼 살지 않을 거예요
서늘한 볼에 풍기는 노루 사향 피 냄새

2.
혈족을 닮아가는 서른의 나를 위해
이마에 칼을 꽂고 거꾸로 매달릴 시간
성탄제 속죄양들은 하얗게 쏟아지고

—「성탄제」 전문

이 시의 제목엔 '김종길, 「성탄제」에서.'라는 각주가 달려 있다. 그러므로 이 시는 동일 제목의 김종길의 시와 상호 텍스트성의 관계에 있고, 그러므로 그것과 '비교' 혹은 '대조'하여 읽을 필요가 있다. 김종길의 「성탄제」는 앓아누운 "나"와 나를 살리기 위해 한겨울에 눈을 헤치고 붉은 산수유를 채취해 오는 아버지, 그리고 아들을 기다리며 그 "어린 목숨"을 지키고 있는 할머니로 이루어진, 가난하지만 눈물겹도록 아름다운 한 가족의 모습을 그리고 있다. 이 시의 후반부에서 화자인 "나"는 어느새 그 당시 아버지만큼의 나이가 되어서 "그날 밤이 어쩌면/성탄제의 밤이었을지도" 모른다고 회상하며 자기 안에 "산수유 붉은 알알"처럼 연연히 흐르는 아버지의 따뜻한 피를 느낀다. 중고등학교 교과서에 실리기에 매우 적당한 이 아름답고 긍정적인 이야기는 김상규의 시에 와서 완전히 반전된다. 김상규의 "성탄제"에서 아버지는 매일 "나"를 때리는 아버지여서 하루라도 때리지 않으면 "오늘은 왜 저를 때리지 않으셔요"라고 묻고 싶은 아버지이고, "산수유 붉은 알알"은 아버지의 사랑이 아니라 병든 나의 "어젯밤 각혈일 뿐"이다. 손자의 약제를 구하러 간 아들을 기다리며 "바알간 숯불"(김종길) 피우며 손자를 지키던 할머니는 이제 "빠알간 숯불 피우는" "짐승"으로 표현된다. 이들의 가계는 "원죄"의 역사로 이어져 있고, 어느새 그 당시 아버지의 나이가 된 나는 "혈족을 닮아가는 서른"으로 원죄의 궤도에서 한 치도 벗어나지 못한다. 김종길의 '성탄제'가 사랑과 축복의 시간이라면 김상규의 그것은 "이마에 칼을 꽂고 거꾸로 매달릴 시간"이다. 행복과 불행의 정동(情動)을 지워버릴 수 있다면 이것들은 세계 안에서 완벽한 대칭과 균형을 이룬다. 그러나 (살아 있는 한) 몸을 지울 수 없는 존재인 인간에게서 어떻게 정동을 지우랴. 김상규는 비대칭의 한쪽 절벽에 떨어진 고통의 존재들을 향해 애정의 촉수를 내민다. 시는 풍요와 만족을 예찬하는 언어가 아니라 마지막까지 남아 있을 궁핍과 절망을 통감하며 함께 아파하는 언어이기 때문이다.

보육원은 어느 곳에나 있다

김상규에게 보육원은 궁핍과 폭력의 상징 공간이고 그 안의 "불량소년들"은 사회적 대타자(the Other)와 싸우는 서발턴(subaltern)들이다. 그러므로 보육원과 불량소년들은 상징계에서 대문자 아버지의 법칙(Father's Law)이 지배하는 어느 곳에나 있다.

> 깨친 채로 두세요, 누구나 알아차리게
> 뒤에 오는 철부진 내력 따윈 모른답니다
> 바람이 덧댄 문에서 비명 지른 이유도
>
> 바다는 유리 조각, 수없이 베었지요
> 맨발로 절뚝이며 여까지 도망칠 때도
> 몇몇은 상처를 보고 내 본향을 알았지요
>
> 힘겹게 건넜으나 한 번도 넘지 못한 곳
> 매일 밤 날 죽이며 나를 숨겨 놓았지만
> 유성은 삭풍 지난 조류에 더 밝게 비치던걸요
> ―「제주 바다」 전문

이 시는 4·3 항쟁에 대한 직접적 언급을 최대한 절제하고 있지만, "제주"라는 이름과 "비명", "상처", 죽이고 베고 절뚝이며 도망치는 행위를 지시하는 여러 동사만으로도 충분히 4·3의 역사적 비극을 암시하고 있다. 시인이 자주 언급하는 소년원, 보육원 등이 궁핍과 폭력의 일상이 지배하는 소서사(petit nararive)의 공간이라면, 사회와 역사는 증오와 폭력이 지배하는 거대서사(grand narrative)의 공간이다. 앞에서 인용한 시에서 "소년원 친구들"이 상징적 "어밀 삼켜야 줄을 칠 수 있었"던 것처럼, 사회, 역사적 공간의 서발턴들은 폭력적 대타자와 목숨을 건 싸움을 벌임으로써만 그나마 생존의 가능성이라도 확보할 수 있었다. "뒤에 오는" "철부"지들은 역사의 이런 "내력 따윈" 모른다. 그럼에도 역사의 "유리 조각"이 "수없이 베"어 만든 "상처"는 남을 수밖에 없다. 사람들이 역사를 기억하는 것은 이런 상처 때문이며, 그 상처는 아무리 "죽이며" 숨기려 해도 사라지지 않는다. 그것은 마치 "유성"처럼 "삭풍 지난 조류에 더 밝게" 비친다. 「시인의 말」에서 시인이 한 다음과 같은 진술은 이런 점에서 주목할 만하다. "주디와 키다리 아저씨는 보육원을 떠났지만/우린 아직 이곳에서 벗어나지 못했다." 궁핍과 폭력의 상징 공간인 "보육원"을 떠나는 것은 허구에서나 가능하다. 현실의 "우린 아직 이곳에서" 한 발짝도 벗어나지 못했다. 궁핍과 저주, 복수와 죽음의 보육원은 어느 곳에나 있기 때문이다.

> 살살이꽃 꺾어다 할마님께 바칠래요
> 서천꽃밭 맑은 물은 천년만년 떠버리고
> 가문 땅 열병 흘리며 목숨 뜯고 헤맬래요
>
> 어미는 필요 없죠, 나 그 피 버렸으니

사나운 무장승 구슬 하나 훔쳐놓고
할마님, 그 주머니에 숨결 한 줌 불어줘요

살 끓는 바다에선 입술 따다 붙이고
뼈 끓는 골짜기엔 배꼽 훑어 놓았어요
불덩이 칠성판 들면 가문 문중 돌림병

할마님께 드릴래요, 생불꽃 명줄 따다
바윗돌 가루 되고 가루 다시 눈물 되면
디딤돌 높은 자리는 당신의 몫이어요

혀뿌리 뽑았으니 이 길로만 오세요
나 이제 만신 받고 치성으로 기를 시간
혼으로 걸어오셔요, 내 피 물든 꽃 들고

—「공희(供犧)」 전문

 이 시집의 4부엔 위에 인용한 시 외에도 시인의 고향이자 4·3 항쟁의 공간인 제주도를 소재로 한 시들이 많다. 그중에서도 이 시는 그 비극의 현장에서 죽어간 사람들을 향한 처참하도록 슬프고 아름다운 레퀴엠이라고 불러도 좋을 만하다. "살살이꽃", "서천꽃밭", "무장승" 같은 기표들은 시인이 제주의 비극을 바리데기 신화에 실어 이야기하고 있음을 잘 보여준다. 이런 점에서 김상규 시인은 다성적(polyphonic) 언어의 생성에 매우 능한 상호 텍스트성의 귀재이다. 이 작품에서 시인은 스스로 무녀(바리데기)가 되어 죽은 자들을 불러내고 그들의 영혼으로 들어가 "살 끓는 바다"와 "뼈 끓는 골짜기", "불덩이 칠성판"를 불러내며, "바윗돌 가루 되고 가루 다시 눈물 되"는 고통의 역사를 위로한다. 또한 "할마님"은 제주의 창조신인 설문대 할망 신화를 연상시키기에 충분한데(시인의 이 놀라운 다성성!), 이 모든 상처를 어루만지는 대지의 어머니 같은 존재이기도 하다. 한바탕의 집중적인 굿거리 같은 이 이야기는 한층 더 나아가 깊은 시조의 가락에 실리면서 더욱 아름답고 슬픈 무가(巫歌)의 경지에 이른다.

이 아픈 반복의 사슬

김상규 시인이 전하는 고통과 상처는 엄살도 과장도 아니다. 그것은 제주 이야기처럼 생생하게 살아 있는 역사이자 현실이되, 반복되는 현실이고, 앞으로도 지속될 가능성이 높은 현실이어서 더 위험하고 아프다. 고통에 대한 인지가 다른 모든 것들에 앞서며, 고통을 고통 그 자체로 냉정하게 들여다본다는 점에서, 그의 시들을 '고통의 현상학'이라 불러도 좋을 것 같다.

낯설지만 보드라운 욕설을 좋아해요
나를 매질하세요, 종려나무 잎사귀로
한 방울 피 흘리지 않는 나야말로 슬프니

힘들 것은 없어요, 어제도 죽었으니
헝가리식 장례는 나와 무척 어울렸죠
이렇게 말하고 싶어요, 거듭나서 사는걸요

철 지난 복수심과 작별한 지 오래예요
참회와 용서만큼은 구분할 수 있어요
나 대신 목매단 이는 나로 다시 태어날까요

부지런히 죽은 자는 그대로 아름다워서
무너진 뒤뜰 넘어 투명한 유리 같아요
밟으면 산산조각 날 얼음 속 착란처럼

나는 떠올려요, 흙투성이 개새끼일 때
나는 또 기억해요, 떠돌이 미아일 때
신들은 벼랑에 기댄 위태로운 방관자

오늘의 침대는 내일의 관이라고
매질하던 아버지가 웃으며 말하네요

그래도 전 말이죠 아버지, 죽는 게 두려운걸요

—「윤회」 전문

시인에게 현실은 "죽음", "착란", "흙투성이 개새끼", "떠돌이 미아" 등의 기표로 가득 차 있다. 이것들이 그 자체로 위태로운 것은, 이 모든 부정적 기표가 만드는 현실을 "신들"이 "방관" 하고 있기 때문이며, 그것들이 다른 형태로, 가령 "침대"에서 "관"으로, 계속 "윤회"하고 있기 때문이다. 그것이 당연한 현실일지라도, 화자는 "매질하던 아버지" 앞에서 "그래도" "죽는 게" 두렵다고 말한다. 죽는 게 두려운 것은 죽음 이후에도 유사 현실이 윤회의 형태로 계속 반복되기 때문이다. 앞에서 살펴보았듯이 가족 공동체의 폭력은 상징적 육아원의 폭력으로 그리고 사회·역사적 사건 속의 폭력으로 계속 반복된다. 시인이 절망하는 것은 어떤 방식으로든 이 아픈 반복의 사슬에서 벗어날 수 없다는 사실 때문이다.

남몰래 여동생이 유언장을 보여준다
나는 훌쩍이다 벽장에서 잠이 들고
도망간 거위 떼들이 돌아오는 하짓날

일기장에 적혀 있는 이름을 다 외우면
또다시 태어난단 마법을 믿는 나이

그런데 아버지는 왜, 토끼장에서 주무세요?

살릴 것이 없어서 죽일 것도 없던 그해
근사미를 삼키고도 살아 있던 할머니는
변소에 보살이 있다며 똥통을 휘젓고

찍습니다, 속(俗)에서 더 가파른 속(俗)으로
온갖 종의 족보가 시취로 꽉 찼듯이
관을 진 소라게들이 죽음 이홀 찾듯이

—「가족사진」 전문

 "살릴 것도 없어서 죽일 것도 없던 그해"는 도대체 어떤 시간일까. 이보다 더 최악의 시간이 있을까. 이 극한의 현실 속에선 심지어 죽기 위해서 제초제("근사미")를 삼킨 "할머니"조차도 죽지 않는다. 죽고 싶어도 죽지도 못하는 현실 속에서 "변소에 보살이 있다며 똥통을 휘젓고//찍"는 모습은 그 자체 지옥의 지옥이 아니고 무엇인가. 생은 "속(俗)에서 더 가파른 속(俗)"으로 악화하고, "온갖 종의 족보가 시취로 꽉" 차서 "관을 진 소라게들이 죽음 이홀 찾"는 풍경이라니. 게다가 그것이 "가족사진"이라니. 여기에서 "가족"이라는 시니피앙은 고통의 직접성을 가중한다. 한국 현대 시의 자장 속에서 이보다 더 깊은 절망, 이보다 더 깊은 고통의 현상학을 만나기도 힘들 것이다. 한 가지 유념할 것은 김상규 시인이 시적 언어의 다의성, 다성성, 중층성의 창안에 매우 능한 시인이라는 사실이다. 그가 말하는 '가족사진'은 가족사진이면서 우리 시대의 사진이고, 내 가족의 사진이면서 당신 일가의 사진이고, 가족이라는 유사 이름의 크고 작은, 상상의 그리고 현실의 무수한 공동체들의 사진이기도 하다.

지금까지 살펴본 것처럼, 김상규의 시는 고통의 바닥까지 내려가 어느 순간 그것과 한 몸이 된 무녀처럼, 비대칭으로 구멍 난 세계의 비애를 건드린다. 그것은 두터운 은유와 상징으로 무장한 채 개인과 세계, 소서사와 거대서사를 동시에 관통한다. 그의 언어가 그렇게 세계를 뚫고 지나갈 때, 슬픔과 고통의 다양한 현들이 깊이 떨린다. 김상규의 언어는 마치 촉이 여러 개 달린 화살처럼 다양한 각도로 세계의 아픔들을 건드린다.

시인동네 시인선 253

존 그리어 보육원의 불량소년들
ⓒ 김상규

초판 1쇄 인쇄	2025년 5월 9일
초판 1쇄 발행	2025년 5월 16일
지은이	김상규
펴낸이	김석봉
디자인	헤이존
펴낸곳	문학의전당
출판등록	제448-251002012000043호
주소	충북 단양군 적성면 도곡파랑로 178
전화	043-421-1977
전자우편	sbpoem@naver.com

ISBN 979-11-5896-691-1 03810

*이 책의 판권은 지은이와 문학의전당에 있습니다.
*양측의 서면 동의 없는 무단 전재 및 복제를 금합니다.
*잘못 만들어진 책은 바꿔드립니다.
*이 시집은 서울특별시, 서울문화재단 '2025년 첫 책 발간지원사업'의 지원을 받아 발간되었습니다.